I0698169

Je m'excuse pour toute erreur de traduction. J'ai étudié le « français » à l'école. Dans la jeunesse. Merci!

Ordenio Teodoro Loberto

L'ÂGE
DE L'AGITATION

Aphorismes de frontière

PRÉSENTATION

J'ai isolé de mes publications précédentes ces cent et un aphorismes, prodromes d'angoisses du passé, contemporains du présent et prêts à se révéler dans le futur. Quel est l'âge de l'agitation ? Le tout : de la naissance à la vieillesse, avec des nuances diverses et fortes. Arrêtez-vous et réfléchissez à la vie et à la mort, mais aussi aux pensées les plus intimes, au passage du temps et aux émotions qui s'agitent autour et en nous sous les formes les plus poignantes. Nous vivons à une époque psychologiquement fragile où l'anxiété domine la vie des gens. Les croyants pensent que seul Dieu peut nous sauver, mais Dieu est de plus en plus distant et étranger. Peut-être l'avons-nous repoussé volontairement, parce que nous nous sentions abandonnés, comme des orphelins, sur cette boule de feu vertigineuse qu'est la Terre. Cela provoque de l'anxiété et une crise existentielle.

Nous devons sortir de notre coquille. Souvent, tout ce que nous espérons, c'est avoir une vie canonique, sans problèmes, pour atteindre nos objectifs sans effort, en substance : obtenir des résultats sans aucun effort.

Ce désir est la pire malédiction que l'on puisse souhaiter.

Je termine par une pensée de Fernando Pessoa :

Toute la vie de l'âme humaine est un mouvement dans la pénombre. Nous vivons dans le crépuscule de la conscience, jamais sûrs de ce que nous sommes ou de ce que nous supposons être.

O.T.L.

À la mémoire de Théodore Lauberth. Avec son frère Antoine, à la suite d'Odet de Foix, comte de Lautrec qui, le 22 mars 1528, assiégea Melfi, faisant de nombreux morts sur le terrain, dans une bataille devenue historique, appelée «Pâques sanglantes». Dans ce massacre, de nombreux rivaux des deux côtés perdirent la vie : dont Antoine. Théodore, devenu à juste titre, Teodoro Loberto, grièvement blessé, est accueilli et soigné par une famille paysanne dans une ferme loin de Melfi ; il fut, d'une manière ou d'une autre, adopté et devint citoyen de Melfi, contribuant, avec de nombreux descendants, à la renaissance de la ville.

001

Le cerveau possède
deux hémisphères.
Même le cul.
Voici la confusion
d'où vient-il...

002

Mon ange gardien,
parfois,
cela me donne une licence
s'engager
quelques conneries.

003

Naître gentleman ou connard
c'est une question de chance,
mais aussi de centimètres :
quatre/cinq,
au plus six.

004

Le chimpanzé
est un primate heureux
parce qu'au dernier moment,
avant l'évolution,
il a eu une vision :
il nous a dégoûtés et s'est sauvé.

005

Dieu rattrape les erreurs
d'ingénieurs
et des géomètres,
avec les tremblements de terre.

006

Seigneur Dieu, tu sais :
J'ai toujours observé
tes *neuf* commandements :
Je veux le "traitement".

007

Un dimanche soir,
du mois de mai,
je suis devenu sage
grâce aux prothèses dentaires.

008

Le lama est un animal
qui nous connaît très bien :
dès que nous sommes à portée
il nous crache au visage.

009

Les *Scamorze (*)*
occupent des lieux
mythiques et importants
sur la balance des fromages,
mais aussi dans celui
des hommes politiques.
Nous les avons tous les jours
quelques dégustations !

(*) De la "Scamorza" : fromage blanc étiré typique du centre-sud de l'Italie. Ici, on entend « Personne qui possède, ou démontre, de faibles capacités dans la profession ».

010

Beaucoup de nos hommes
politiques
à la Mecque,
ils diraient bonjour
avec des bras sans mains,
mais avec le butin dans la bouche !

011

Beaucoup ne sont pas mis à jour
avec des rêves :
au lieu de la voiture "Ferrari"
ils rêvent de chaussures.

012

Avant de fermer le cercueil,
assurez-vous que mon corps
tout est déjà à l'intérieur.
Merci!

013

Sur la Seine j'ai vu
des garçons et des filles
qu'ils s'aimaient comme si c'était
leur dernière jour de leur vie...
Et c'était peut-être :
Le Bataclan, quant à lui,
préparait la liste !

014

Beaucoup de femmes
ils fréquentent
les lacs de campagne
et ils embrassent tous les crapauds,
à la recherche
du prince charmant...
À un certain point,
voyant l'effort en vain,
ils se marient... un crapaud.

015

Une femme se reconnaît,
vraiment,
seulement pendant la phase
de divorce.

016

Je sais soigner les blessures
des cœurs brisés :
je récupère de mon cœur,
les morceaux à remplacer.

25

017

Les mendiants vont à l'église
pour s'abriter de la pluie,
mais aussi pour réprimander Dieu
et toute sa Cour.

018

Après le miracle
de la transformation
de l'eau en vin,
les prosélytes de Jésus
ils se sont multipliés.
Surtout dans les tavernes.

019

"Mille et non plus mille."
Tous les mille ans, la Bible,
menace la fin du monde :
cela nous rend anxieux.

020

La mort est un mystère :
allons voir,
comme le font les joueurs
de poker.

021

Les missiles ont la même forme
effilée comme les suppositoires :
vous pourrais jouer avec ça,
chers bellicistes.
Ils sont plus accessibles
et à portée de main et dans le cul.

022

Si tous tes rêves ils se réalisent
ça veut dire
que tu ne sais pas rêver.

023

Dès ma naissance,
j'ai commencé à baisser la tête :
il n'y avait pas de comète
pour indiquer ma maison
et les trois rois
ils ne se sont pas présentés.
Mais c'était l'hiver !

024

À chaque fois
que je porte une auréole
j'ai mal à la tête.
Ce n'est peut-être pas ma taille,
ou je ne le mérite pas.

33

025

Un orphelin est une personne
fraudée :
un parfait crime de Dieu !

026

La politique a compris
qu'elle devait expérimenter
le mode "chien dick",
étant donné que les théories
des experts ont échoué.

35

027

Le tremblement du sol,
à cause du tremblement de terre,
si cela arrive en automne,
facilite la récolte des olives.

028

Il y a une échelle
pour les insultes reçues
et un autre, faux,
pour les crimes causés par moi.

029

Dans le groupe musical
qui a accompagné le funéraille
de l'homme politique puissant
il manquait le grosse trompette :
Non, il était dans le cercueil
avec une couronne de fleurs
sur le dessus.

030

Cela prendra du temps,
mais le monde
finira entre les mains
de gens stupides :
selon des statistiques mises à jour,
pour chaque mort d'un insensé,
deux naissent.

031

Mon grand-père répétait souvent :
"Si j'étais,
si j'avais,
si je pouvais...
C'est la vieille histoire
de trois pauvres idiots. »
Combien de choses il savait,
mon grand père!

032

Un pauvre homme,
peu importe combien il a raison,
est destiné à toujours succomber.
C'est la loi du lion.

033

Parfois, quand on est amoureux
nous nous sentons stupides,
hors du temps et hors de propos :
au lieu de cela, nous ne sommes
que jeunes
ou très vieux.
Parce que quand on est amoureux,
c'est la même chose.

034

La réciprocité:
je t'ai cherché
pour toute la vie,
tu m'as enfin trouvé !

035

Lors d'une conférence
sur la vieillesse,
il n'y a pas de spectateurs :
les anciens le savent déjà
et les jeunes s'en foutent.

036

La folie des grandeurs
c'est la première étape
vers la sainteté
ou du mépris.

037

Du ventre de ma mère
il y avait deux possibilités
pour sortir,
mais l'un d'entre eux
sentait trop mauvais.

46

038

A minuit,
je parle calmement
de mon court avenir.

47

039

Signe des temps:
un coucher de soleil romain
avec les ordures
devant et derrière l'horizon.

040

Là-haut, à Paris,
tout ce que tu as fait
c'est mourir.
Mais c'était facile,
est-ce vrai, Joseph ?

49

041

Le blasphème
c'est la première étape
vers la foi.

042

Les miroirs s'adaptent
à la beauté fanée
des femmes anxieuses
et ils deviennent voilés et sourds.
Presque comme leurs maris.

043

La chasteté
est une forme d'amour
rebelle et caché.

52

044

La beauté et l'infidélité
entretiennent des relations
étroites de parenté.

53

045

Dans les questions
d'un homme puissant,
les réponses sont déjà là.

046

Je sais qu'il y a beaucoup à faire,
mais je ne sais pas
par où commencer.
Maintenant je descends dans la rue
et je donne deux gifles
au premier que je rencontre.
Qui ne mérite pas
au moins deux gifles ?

047

Les plus gros mensonges
sont écrits
sur les pierres tombales :
les putes deviennent des saintes
et des lâches intrépides.

048

Dans un grand centre commercial,
j'ai compris combien de choses
je n'ai pas besoin!
Oh, mon Dieu!

049

Noter que d'un suicide raté,
c'est une tentative d'assassinat :
en théorie,
devrait être reconnu coupable
de tentative de meurtre.
La loi est la loi
et il faut le respecter !

050

Je voyage avec les nuages
au dessus de moi :
ils sont pleins de larmes,
comme la cornemuse à Noël.
Il y a beaucoup de gens,
autour de nous, en pleurant.

051

Le progrès a un avantage :
ça t'emmène dans un beau voyage,
et un inconvénient :
mène à la fin du voyage.

052

Vieillesse
c'est une prison
sans murs.

053

Heureusement, dans ma jeunesse,
j'ai fait beaucoup de choses folles,
mais j'aurais pu faire bien plus :
je m'excuse !

054

Dans une seconde vie
les optimistes croient,
pour la cohérence;
les pessimistes à se donner
une seconde chance,
auquel ils ne croient pas.

055

J'avais hérité,
de mon grand-père,
la liste des bonnes réponses
être capable de gérer
et réussir dans la vie ;
en attendant, cependant,
les questions avaient changé.

056

Les tentations
pas satisfait
ils deviennent des regrets.

057

Prométhée, ton mythe résiste,
mais ça aurait été mieux
après avoir volé le feu aux dieux,
que tu avais incinéré
le monde entier...
Occasion manquée,
mais nous nous en occuperons
pour terminer le travail.

058

La beauté est une monnaie
à dépenser au bon moment
parce que ça dévalorise et disparaît
rapidement de la circulation.

059

Les révolutionnaires
qui s'enrichissent
n'ont jamais été
des révolutionnaires.

060

Dans chaque guerre
nous avons l'occasion
connaître l'histoire
et géographie
de nouveaux pays.

061

Tout le monde
ne peut pas apprécier
le charme des péchés
qui n'ont pas été commis.

062

Ibiza et Barcelone
sont des dépendances
du paradis bordant l'enfer.

71

063

Bref, en fin de compte,
on peut dire
que la vie est une soustraction.

072

064

Dans les tavernes
il y a un grand nombre de flatteurs
avec des verres vides.

065

Anarchie
c'est une dégénérescence
de la liberté de pensée fatiguée.

066

L'idée d'être
apparenté aux singes
me rend un peu fier.
Tout n'est pas perdu !

067

Un peu plus d'un siècle,
de nos progrès convulsifs
anticipe la fin du monde
de mille ans.
Nous avons confondu les lucioles
avec des lanternes !
Patatrac !

068

Je comprends les endocannibales
qui, par amour,
ils mangent leur bien-aimé.

069

Qui a dit que toutes les femmes
veulent-ils atteindre l'égalité
avec les hommes ?
Pourquoi jamais,
se mettre à leur niveau ?!

070

Les détenus
des asiles psychiatriques
pensent que ceux qui sont dehors
ils sont tous fous.
Et peut-être ont-ils raison !

071

"La mort viendra
et il aura tes yeux » :
César Pavese
il l'a découvert au cours de sa vie,
ou plutôt, pendant qu'il mourait.

072

Au premier rendez-vous
m'avait volé mon cœur :
Je ne l'ai plus jamais repris :
il était en sécurité avec elle !

073

Dieu ne reviendra pas
pour rafistoler le monde :
pour Lui la solution
c'est à nous de le trouver.
Il nous a envoyé
Pilate exprès…

074

Il devait avoir
une grande faim,
qui d'abord
mangé un navet.

075

Dans le quartier de Scampia
(Naples),
les grands immeubles
en béton blanc
sont appelés « Les Voiles ».
Ils ressemblent à des squelettes,
mais ce sont des niches
de cimetière.

076

La passion gagne toujours.
Un rocher,
avec une forte aspiration,
de la frise de l'Acropole d'Athènes,
il a déménagé à Naples,
dans une ruelle
du quartier de Sanità,
juste pour rencontrer Totò.

077

Dieu essaie de nous faire
comprendre
que nous faisons tout de travers ;
essayez avec les tremblements
de terre,
ouragans,
inondations,
guerres,
glissements de terrain,
désertification,
fonte des glaces polaires,
tsunami,
folie collective,
invasions, etc. etc.
Que devrait faire
d'autre un pauvre Christ ?!

078

La recherche du point G ?
J'ai presque réussi :
J'ai déjà trouvé les points F et H.

079

La vie expliquée à mon fils :
"C'est ce que font les autres,
pendant que tu dors."

080

Le destin
c'est une invention
des personnes déjà perdues.

081

Un'intention restée telle
c'est comme un pet échoué.

082

Dans mon livre de mythologie,
la figure de mon père excelle :
Maintenant il est silencieux,
mais j'entends toujours sa voix.

083

À Milan
toutes les femmes sont belles !
« Il y a deux raisons :
Aldo Coppola
s'occupe de leur maquillage
et le Grand Maître Giorgio Armani
les habille !

084

Qu'est-ce que tu sais
d'un champ de maïs ?
Pour nous,
c'était un refuge d'amour :
Les guêpes ne nous ont pas arrêtés,
et même pas les fourmis
ou les moustiques...
Il n'y avait que le chant des cigales
drogué par le soleil
et le bruit de leurs lames
en harmonie avec le contexte...
Pour nous tout ça
c'étaient des applaudissements
et nous avons permis
que le spectacle se répète...

085

Moi aussi j'ai menti !
Nous mentons toujours par amour,
pour ne pas faire souffrir l'amant.
Ou alors, pour la faire souffrir.

086

Une femme
est toujours active
et aimable dans son rôle,
jusqu'à ce que sa physionomie
change :
la bouche
comme un cul de poule;
le cul
victime de l'attraction terrestre;
le ventre
ballon dégonflé;
les seins maigres
comme des ravines sculptées...
Qu'en penses-tu, Munch ?

087

Aime moi maintenant
que je suis devenue
une vieille femme.
Quels efforts as-tu fait
quand j'étais jeune et belle ?
Maintenant j'ai besoin de baisers
et des caresses pour lisser les rides,
des rivières de larmes
qui nourrissent frustrations
et incertitudes…
Sigismond Freud, aide-moi !

088

L'amour
et le manque d'amour,
ils peuvent te détruire
dans une mesure égale.

089

Les croisés
ils avaient foi en leur destin :
ils ont fait face au voyage
avec seulement
une épée et une coupe,
fidèles au programme :
tuez et célébrez avec du vin !

090

Après une de mes farces,
ma mère m'a dit :
"Viens ici, je ne te ferai rien."
Confiant,
j'y suis allé et elle m'a battu
avec un bâton.
...et ce n'était pas la première fois !
Par contre, si tu ne fais pas
confiance à ta mère...

091

Ma valise, chère copaine
de nombreux voyages,
destiné à ne jamais finir,
elle s'est transformée
dans un cercueil
aux mille couleurs.

092

L'illégalité
est contemporain de la justice,
mais c'est plus à portée de main.

093

Mon Seigneur Dieu,
s'il te plaît, assure-toi
que je ne suis pas cocu !
Mais si c'est écrit
dans le livre du destin
ce que ça devrait être,
assurez-vous qu'il ne le sait pas.
Mais si c'est réellement écrit
que ça doit être comme ça,
donne-moi la grâce
ce qui ne m'intéresse pas du tout !

094

L'Italie est toujours le "Bel Paese",
mais tu ne comptes pas
nos défauts.
Je vais vous le dire moi-même :
Nous les avons tous, plus un !

095

J'ai de nombreux vices
que je masque
avec des vertus poilues.
Je suis presque,
un parfait jésuite.

096

Tenir compte ce courage
est composé
de quatre-vingt-dix
pour cent de peur
et le reste de l'inconscience
avec une touche d'amour sélectif.

097

Extrait du journal secret
par Desmond Tutu :
"Quand les premiers missionnaires
arrivé en Afrique,
nous avions le terrain
et ils avaient la Bible.
Puis nous avons fermé les yeux
et nous avons prié.
Quand nous les avons rouverts,
nous avions la Bible,
entre nos mains,
et ils possédaient le pays."

098

Pour essayer de comprendre
les femmes,
il faut prendre en considération
l'interaction entre les idées,
les images et l'imagination.
Ce n'est pas ce que ça veut dire
que tu atteignes la ligne d'arrivée,
mais si tu reviens
et tu recommences,
peut-être que tu te rapproches.

099

Un homme
qui n'a connu qu'une seule femme,
il s'est arrêté
en première année de l'école.

100

Avançons :
Rangeons les grottes,
alors que nous
perfectionnons l'écocide.

101

Voici le cours de la vie :
Il n'y a que le temps
une petite visite...
Parfois, on part
sans un baiser
ni un adieu...

Autres publications d'Ordenio Teodoro Loberto:

Per Case Editrici varie:

- **...e poi ho aperto la porta** (1961) *Poesie*;
- **Epigrammi e aforismi dall'ultima Italia** (2008);
- **Antologia dei Navigli** (2012) *Omaggio a Milano*;
- **Haiku di Ordenio** (2013);
- **La lista di Ordenio** (2015) *Poesie*;
- **Napoli, amore mio** (2015) *Omaggio a Napoli*;
- **Aforismi satanici** (2016);
- **Ordenio pittore** (2016);
- **Scartafaccio** (2017) *Diario illustrato*;
- **Quel che resta delle storie** AA. VV. (2018);
- **Aforismi per superare la nottata** (2019);

Per "KDP - amazon.it":

- **Una vita di sguincio** (2020) *Romanzo didascalico*;
- **Aforismi della luna storta** (2020);
- **Il Vangelo di O.** *Ipse dixit* (2020);
- **Milano: Benvenuti in Paradiso** (2020) *Nuova versione di "Antologia dei Navigli"*;
- **TeleRogna** (2021) *Satira politica*;
- **Napoli, quota massima** (2021) *Napoli per sempre*.
- **Asimmetrie** (2021) *Tracce di vita*;
- **Diario pubblico illustrato** (2021) *Per non dimenticare;*
- **365+1 Aforismi per affrontare la vita** (2021);
- **L'ecocidio** (2022) *La lotta contro i cambiamenti climatici;*
- **Pensieri mozzafiato** (2022) *Versione in Italiano, Inglese, Francese, Spagnolo;*
- **La spatola & la penna** (2022) *Immagini & Pensieri;*
- **Melfi tra cronaca e storia** (2022) *La sarcinedda nosta;*
- **L'età dell'inquietudine** (2023) *Aforismi di confine;*
- **Schegge e frammenti** (2023) *Aforismi del comune sentire;*
- **Vincitori & Vinti** (2024) *Le mie liste.*

Libri KDP – amazon.it

§

www.ordenio.it

teodoro.loberto@gmail.com

Marzo 2024

115

www.ingramcontent.com/pod-product-compliance
Lightning Source LLC
Chambersburg PA
CBHW070133260726
48658CB00001B/388